Impressum
Verlag: BABADADA GmbH, Nedderfeld 112 , 22529 Hamburg
Geschäftsführer / Verlagsleitung: Harald Hof
Druck: Books on Demand GmbH, In de Tarpen 42, 22848 Norderstedt

Imprint
Publisher: BABADADA GmbH, Nedderfeld 112 , 22529 Hamburg, Germany
Managing Director / Publishing direction: Harald Hof
Print: Books on Demand GmbH, In de Tarpen 42, 22848 Norderstedt, Germany

school

iskola

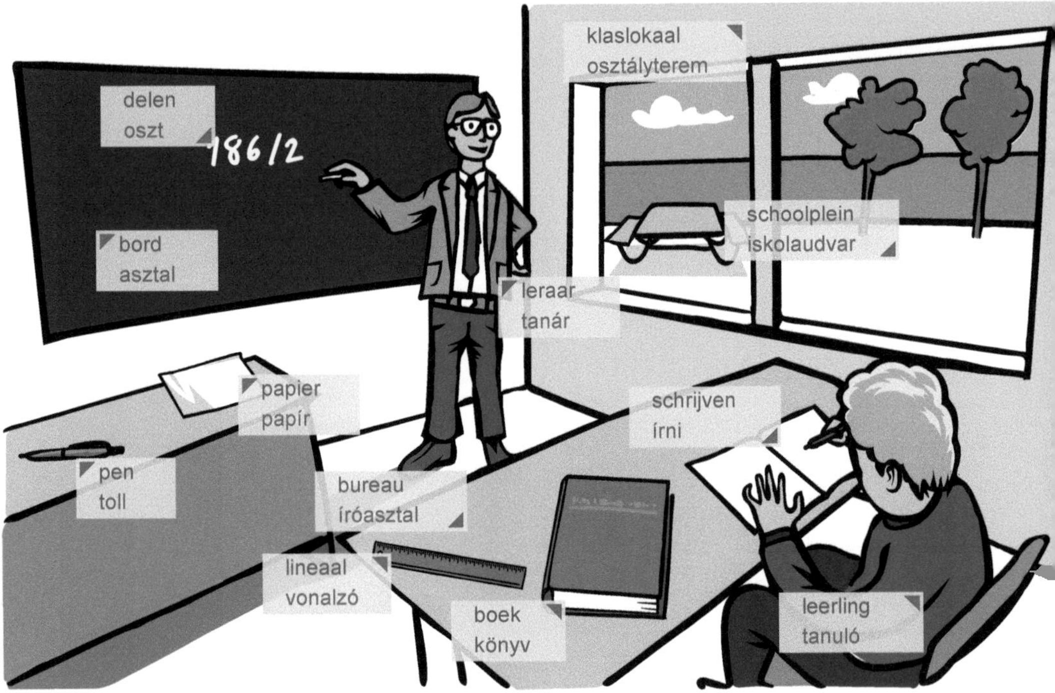

klaslokaal
osztályterem
delen
oszt
186/2
bord
asztal
schoolplein
iskolaudvar
leraar
tanár
papier
papír
schrijven
írni
pen
toll
bureau
íróasztal
lineaal
vonalzó
boek
könyv
leerling
tanuló

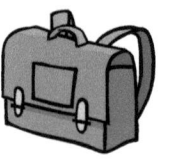

schooltas

iskolatáska

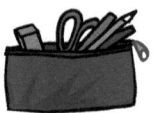

etui

tolltartó

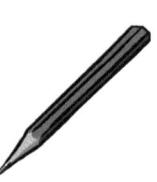

potlood

ceruza

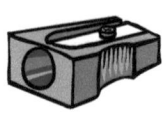

puntenslijper

ceruzahegyező

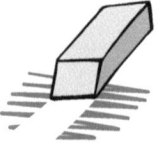

gum

radír

schetsblok

rajzfüzet

tekening

rajz

penseel

ecset

verfdoos

festőkészlet

schaar

olló

lijm

ragasztó

schrift

munkafüzet

huiswerk

házi feladat

getal

szám

optellen

összead

aftrekken

kivon

vermenigvuldigen

szoroz

rekenen

számol

letter

betű

alfabet

ABC

woord

szó

tekst

szöveg

lezen

olvasni

krijt

kréta

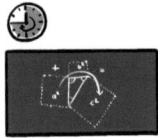

les

tanóra

klassenboek

napló

examen

vizsga

diploma

bizonyítvány

schooluniform

iskolai egyenruha

opleiding

oktatás

encyclopedie

enciklopédia

universiteit

egyetem

microscoop

mikroszkóp

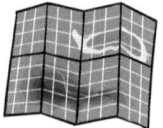

kaart

térkép

prullenmand

papír-hulladék gyűjtő

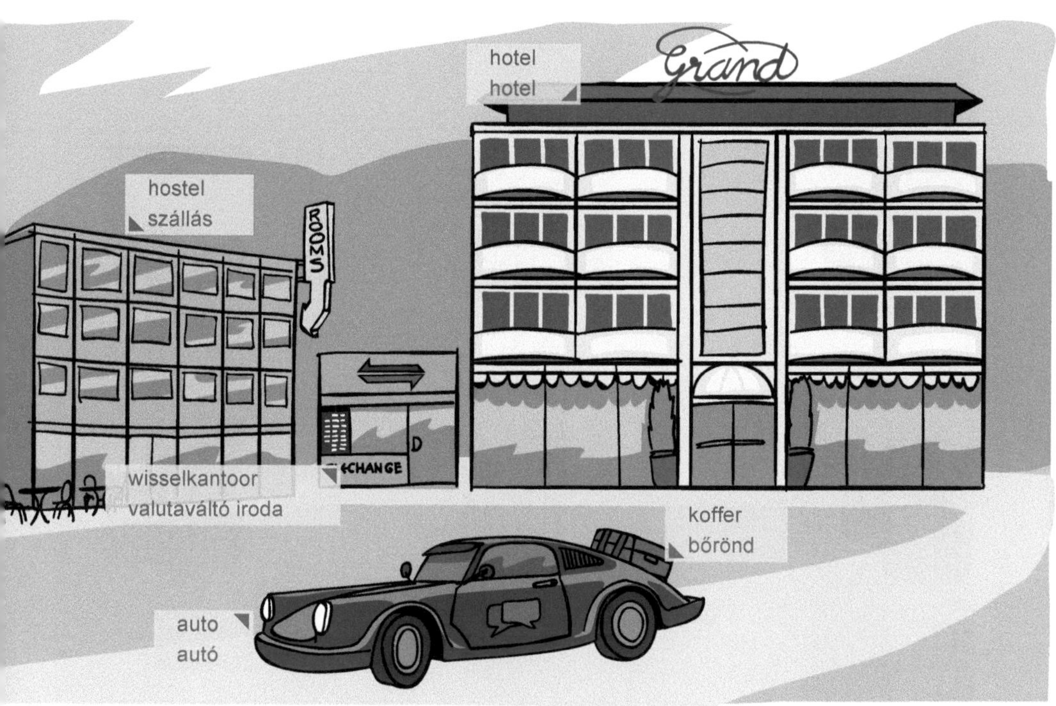

hotel
hotel
Grand
hostel
szállás
ROOMS
€XCHANGE
wisselkantoor
valutaváltó iroda
koffer
bőrönd
auto
autó

taal
nyelv

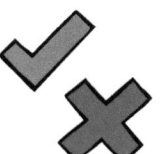

ja / nee
igen/nem

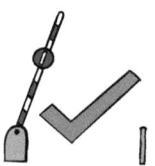

oké
rendben

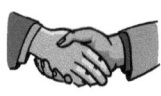

Hallo!
szia

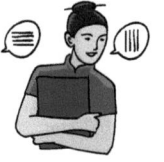

tolk
fordító

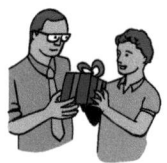

Bedankt.
köszönöm

Wat kost ...?

mennyibe kerül…?

Ik begrijp het niet.

nem értem

probleem

probléma

Goedenavond!

Jó estét!

Goedemorgen!

jó reggelt!

Goedenacht!

jó éjszakát!

Tot ziens!

viszontlátásra

richting

útirány

bagage

poggyász

tas

táska

rugzak

hátizsák

gast

vendég

kamer

szoba

slaapzak

hálózsák

tent

sátor

VVV-kantoor

turista információ

strand

strand

creditkaart

hitelkártya

ontbijt

reggeli

lunch

ebéd

diner

vacsora

kaartje

jegy

lift

lift

postzegel

bélyeg

grens

határ

douane

vám

ambassade

nagykövetség

visum

vízum

paspoort

útlevél

transport
közlekedés

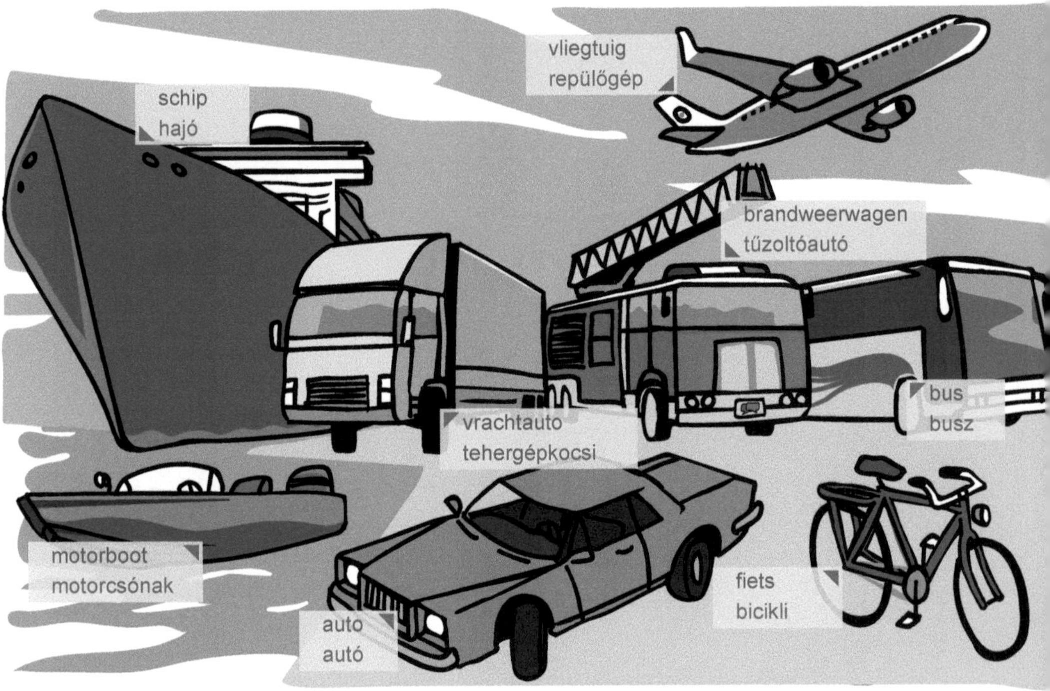

vliegtuig
repülőgép
schip
hajó
brandweerwagen
tűzoltóautó
bus
busz
vrachtauto
tehergépkocsi
motorboot
motorcsónak
fiets
bicikli
auto
autó

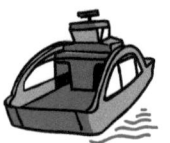

veerboot

komp

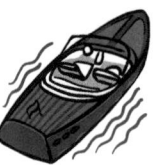

boot

csónak

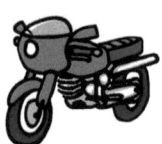

motorfiets

motorkerékpár

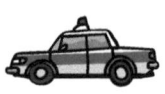

politiewagen

rendőrautó

raceauto

versenyautó

huurauto

bérauto

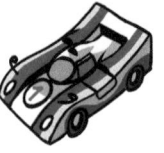

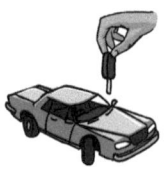

carsharing

telekocsi

takelwagen

vontató

vuilniswagen

szemetes autó

motor

motor

benzine

üzemanyag

benzinepomp

benzinkút

verkeersbord

közlekedési tábla

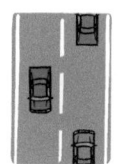

verkeer

forgalom

file

forgalmi dugó

parkeerplaats

parkoló

station

vonatállomás

rails

sínek

trein

vonat

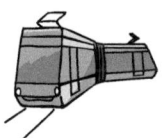

tram

villamos

wagon

vagon

helikopter
helikopter

luchthaven
repülőtér

toren
torony

passagier
utas

container
konténer

verhuisdoos
kartondoboz

kar
taliga

mand
kosár

opstijgen / landen
felszáll / leszáll

stad
város

dorp
falu

stadscentrum
városközpont

huis
ház

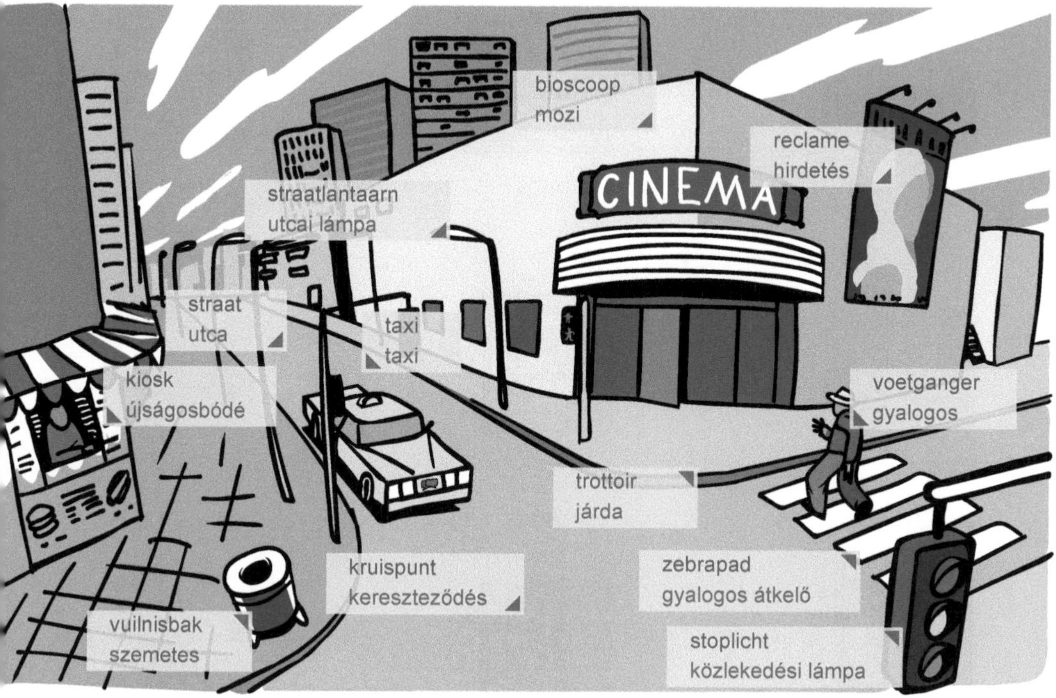

bioscoop
mozi

reclame
hirdetés

straatlantaarn
utcai lámpa

CINEMA

straat
utca

taxi
taxi

voetganger
gyalogos

kiosk
újságosbódé

trottoir
járda

kruispunt
kereszteződés

zebrapad
gyalogos átkelő

vuilnisbak
szemetes

stoplicht
közlekedési lámpa

hut
kunyhó

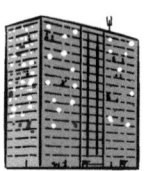

appartement
lakás

station
vonatállomás

stadhuis
városháza

museum
múzeum

school
iskola

universiteit

egyetem

bank

bank

ziekenhuis

kórház

hotel

hotel

apotheek

gyógyszertár

kantoor

iroda

boekenwinkel

könyvesbolt

winkel

üzlet

bloemenwinkel

virágüzlet

supermarkt

szupermarket

markt

piac

warenhuis

áruház

visboer

halárus

winkelcentrum

bevásárló központ

haven

kikötő

park
park

bank
pad

brug
híd

trap
lépcső

metro
metró

tunnel
alagút

bushalte
buszmegálló

bar
bár

restaurant
étterem

brievenbus
postaláda

straatnaambord
utcatábla

parkeermeter
parkoló óra

dierentuin
állatkert

zwembad
uszoda

moskee
mecset

boerderij

gazdálkodás

vervuiling

környezetszennyezés

begraafplaats

temető

kerk

templom

speelplaats

játszótér

tempel

szentély

landschap

táj

blad
levél

wegwijzer
útjelző tábla

weg
út

weide
rét

steen
kő

boom
fa

wandelaar
túrázó

rivier
folyó

gras
fű

bloem
virág

vallei

völgy

berg

domb

meer

tó

bos

erdő

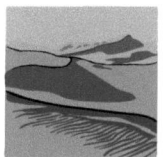

woestijn

sivatag

vulkaan

vulkán

kasteel

kastély

regenboog

szivárvány

paddenstoel

gomba

palmboom

pálmafa

mug

szúnyog

vlieg

légy

mier

hangya

bij

méhecske

spin

pók

landschap - táj

kever
bogár

kikker
béka

eekhoorn
mókus

egel
sündisznó

haas
nyúl

uil
bagoly

vogel
madár

zwaan
hattyú

wild zwijn
vaddisznó

hert
szarvas

eland
rénszarvas

stuwdam
gát

windmolen
szélturbina

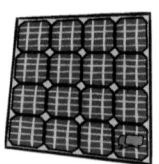

zonnepaneel
napelem

klimaat
éghajlat

ober
pincér

menu
menü

stoel
szék

soep
leves

pizza
pizza

bestek
evőeszköz

tafelkleed
terítő

voorgerecht
előétel

hoofdgerecht
főétel

toetje
desszert

dranken
italok

eten
étel

fles
üveg

fastfood

gyorsétel

eetkraampje

gyorsétel

theepot

teás kanna

suikerpot

cukortartó

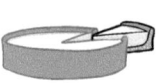

portie

adag

espressomachine

eszpresszógép

kinderstoel

bárszék

rekening

számla

dienblad

tálca

mes

kés

vork

villa

lepel

kanál

theelepel

teáskanál

servet

szalvéta

glas

pohár

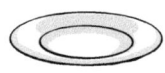

bord
tányér

soepbord
leveses tányér

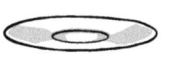

schotel
csészealj

saus
szósz

zoutvaatje
sószóró

pepermolen
borsőrlő

azijn
ecet

olie
étkezési olaj

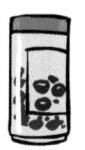

kruiden
fűszerek

ketchup
ketchup

mosterd
mustár

mayonaise
majonéz

supermarkt
szupermarket

aanbieding
különleges ajánlat
FOR
klant
ügyfél
zuivelproducten
tejtermék
fruit
gyümölcsök
winkelwagen
bevásárló kocsi

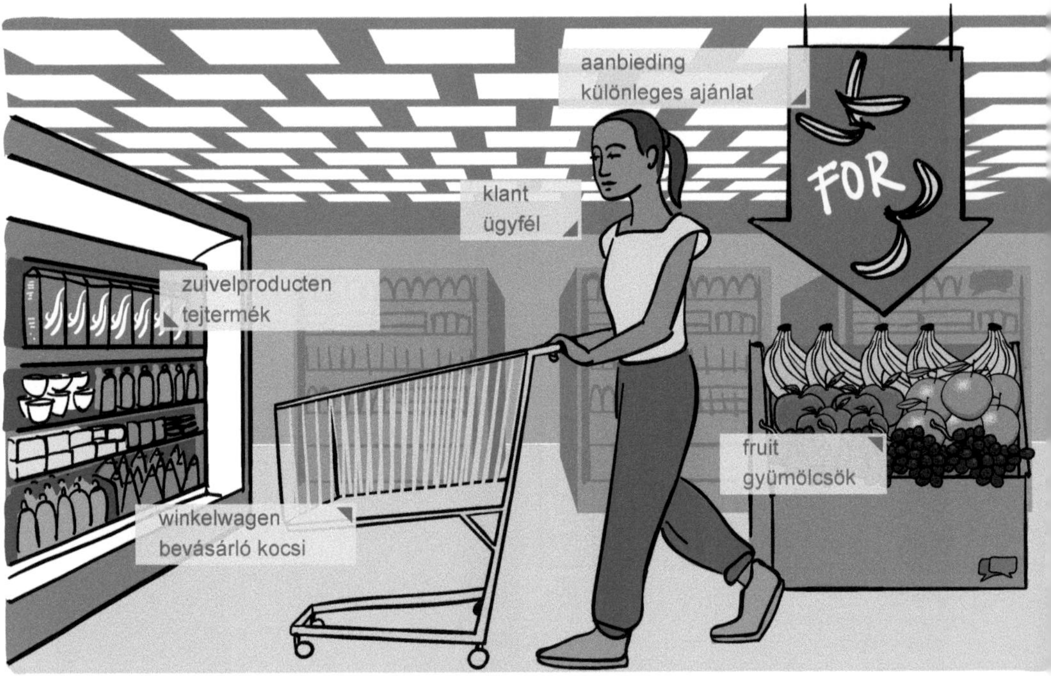

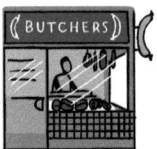

BUTCHERS

slager

hentes

BAKERY

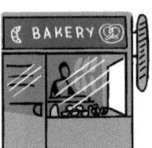

bakkerij

pékség

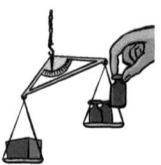

wegen

nyom valamennyit

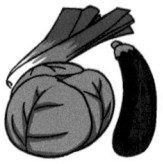

groente

zöldség

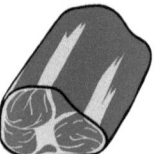

vlees

hús

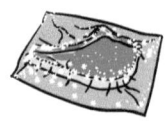

diepvriesproducten

fagyasztott áru

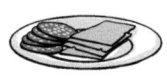

vleeswaren

felvágott

conserven

konzerv

wasmiddel

mosópor

snoepgoed

édességek

huishoudelijke artikelen

háztartási termék

schoonmaakmiddel

tisztítószerek

verkoopster

eladó

kassa

pénztárgép

kassier

eladó

boodschappenlijstje

bevásárló lista

openingstijden

nyitva tartás

portefeuille

levéltárca

creditkaart

hitelkártya

tas

zacskó

plastic zak

műanyag zacskó

water

víz

sap

gyümölcslé

melk

tej

cola

kóla

wijn

bor

bier

sör

alcohol

alkohol

chocolademelk

kakaó

thee

tea

koffie

kávé

espresso

eszpresszó

cappuccino

kapucsínó

banaan

banán

appel

alma

sinaasappel

narancs

watermeloen

sárgadinnye

citroen

citrom

wortel

sárgarépa

knoflook

fokhagyma

bamboe

bambusz

ui

hagyma

paddenstoel

gomba

noten

magvak

pasta

nokedli

spaghetti

spagetti

rijst

rizs

salade

saláta

friet

sült krumpli

gebakken aardappelen

sült burgonya

pizza

pizza

hamburger

hamburger

sandwich

szendvics

schnitzel

hússzelet

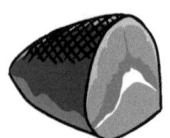

ham

sonka

salami

szalámi

worst

kolbász

kip

csirke

gebraad

pecsenye

vis

hal

havermout

zabkása

muesli

müzli

cornflakes

kukoricapehely

meel

liszt

croissant

croissant

broodjes

zsemle

brood

kenyér

toast

pirítós kenyér

koekjes

keksz

boter

vaj

kwark

túró

taart

sütemény

ei

tojás

gebakken ei

tükörtojás

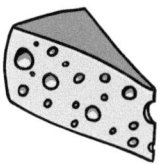

kaas

sajt

eten - étel

25

ijs

jégkrém

suiker

cukor

honing

méz

jam

lekvár

chocoladepasta

mogyorókrém

kerrie

curry

eten - étel

boerderij
parasztház

hooibaal
szalmakazal

schuur
pajta

veld
mező

paard
ló

aanhangwagen
vontató

tractor
traktor

veulen
csikó

ezel
szamár

schaap
juh

lam
bárány

geit

kecske

koe

tehén

kalf

borjú

varken

malac

big

kismalac

stier

bika

gans
liba

eend
kacsa

kuiken
csibe

kip
tojó

haan
kakas

rat
patkány

kat
macska

muis
egér

os
ökör

hond
kutya

hondenhok
kutyaház

tuinslang
kerti öntözőcső

gieter
öntözőkanna

zeis
kasza

ploeg
eke

sikkel

sarló

schoffel

kapa

hooivork

vasvilla

bijl

fejsze

kruiwagen

talicska

trog

teknő

melkbus

tejes kancsó

zak

zsák

hek

kerítés

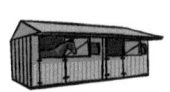

stal

istálló

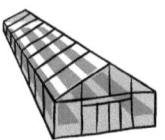

broeikas

üvegház

grond

talaj

zaad

vetőmag

mest

trágya

maaidorser

cséplőgép

oogsten

szüretelni

oogst

betakarítás

yam

yamgyökér

tarwe

búza

soja

szója

aardappel

burgonya

maïs

kukorica

koolzaad

repcemag

fruitboom

gyümölcsfa

maniok

manióka

granen

gabona

huis
ház

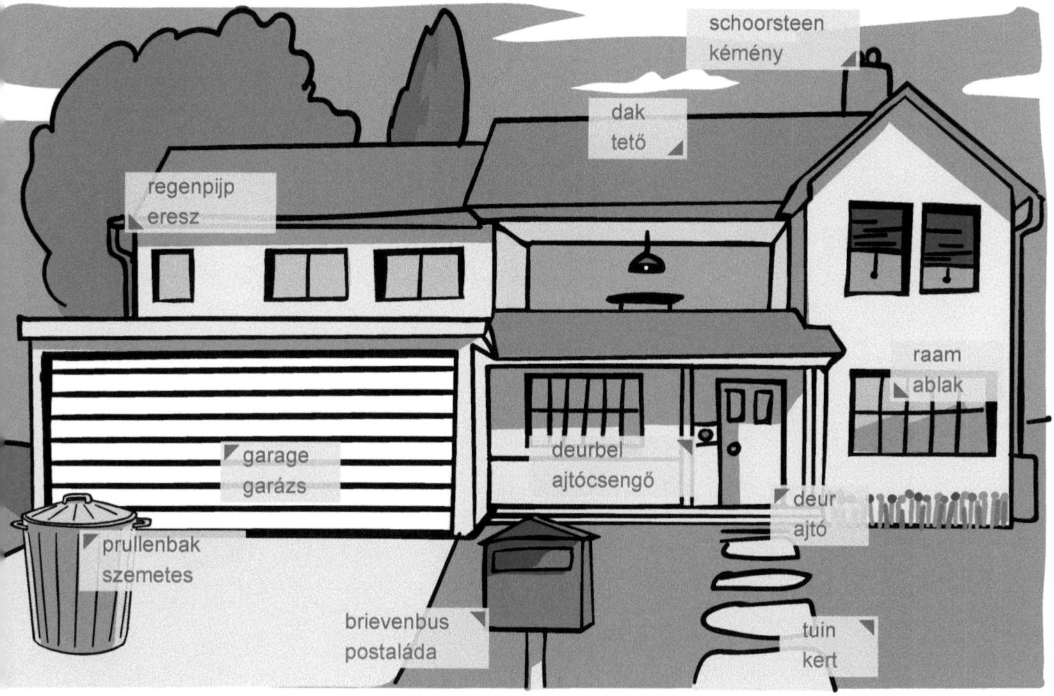
schoorsteen
kémény
dak
tető
regenpijp
eresz
raam
ablak
garage
garázs
deurbel
ajtócsengő
deur
ajtó
prullenbak
szemetes
brievenbus
postaláda
tuin
kert

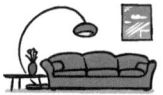

woonkamer

nappali

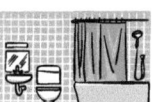

badkamer

fürdőszoba

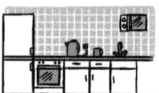

keuken

konyha

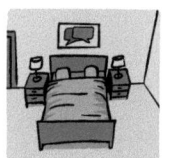

slaapkamer

hálószoba

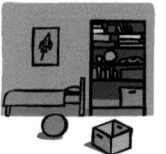

kinderkamer

gyerekszoba

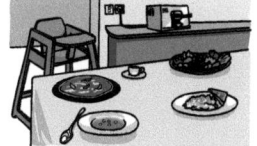

eetkamer

ebédlő

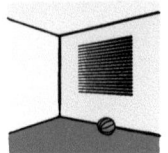

vloer

padló

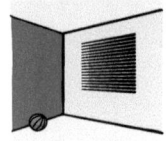

muur

fal

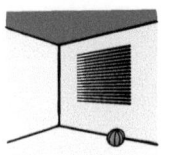

plafond

plafon

kelder

pince

sauna

szauna

balkon

erkély

terras

terasz

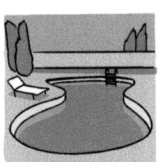

zwembad

medence

grasmaaier

fűnyíró

laken

lepedő

bedsprei

ágytakaró

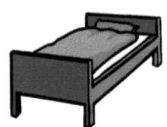

bed

ágy

bezem

seprű

emmer

vödör

schakelaar

kapcsoló

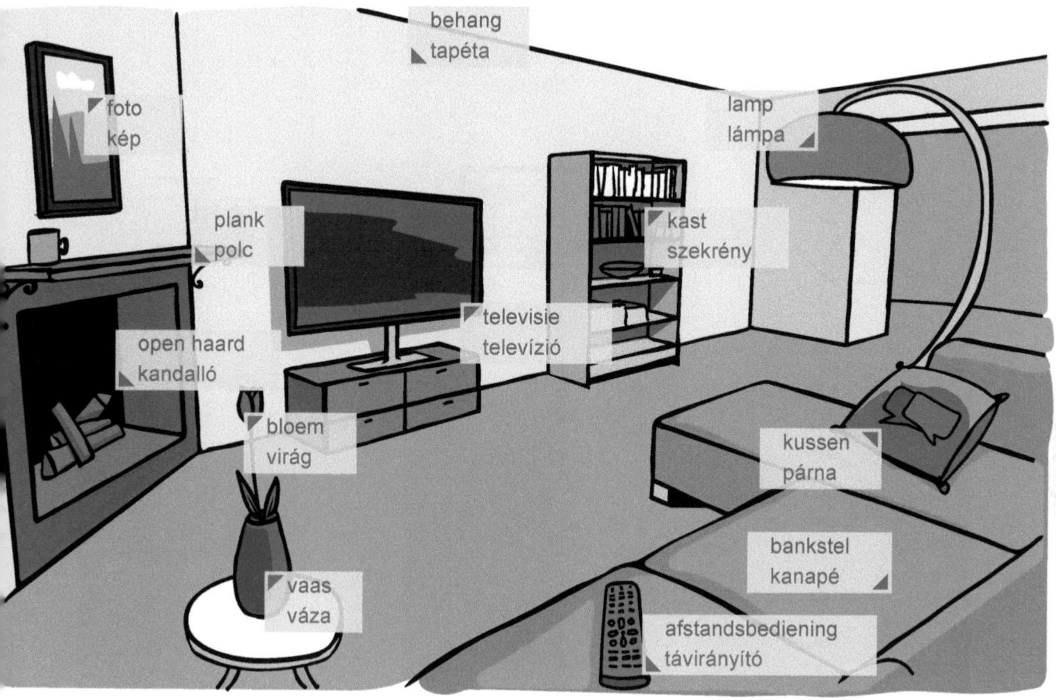

behang
tapéta

foto
kép

lamp
lámpa

plank
polc

kast
szekrény

open haard
kandalló

televisie
televízió

bloem
virág

kussen
párna

bankstel
kanapé

vaas
váza

afstandsbediening
távirányító

tapijt
....
szőnyeg

gordijn
....
függöny

tafel
....
asztal

stoel
....
szék

schommelstoel
....
hintaszék

stoel
....
karosszék

boek

könyv

deken

takaró

decoratie

dekoráció

brandhout

tűzifa

film

film

stereo-installatie

hifi

sleutel

kulcs

krant

újság

schilderij

festmény

poster

poszter

radio

rádió

kladblok

jegyzetfüzet

stofzuiger

porszívó

cactus

kaktusz

kaars

gyertya

keuken
konyha

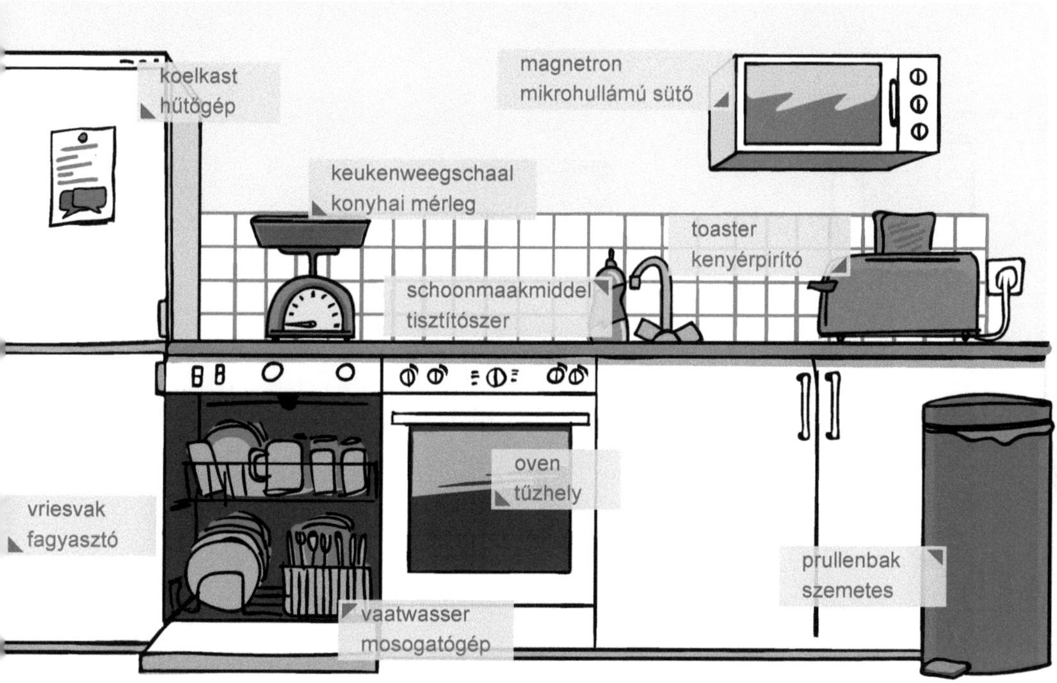
koelkast
hűtőgép
magnetron
mikrohullámú sütő
keukenweegschaal
konyhai mérleg
toaster
kenyérpirító
schoonmaakmiddel
tisztítószer
oven
tűzhely
vriesvak
fagyasztó
prullenbak
szemetes
vaatwasser
mosogatógép

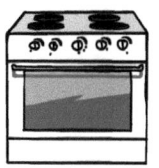

fornuis
tűzhely

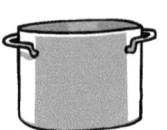

pan
edény

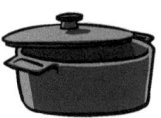

gietijzeren pan
vasfazék

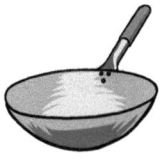

wok / kadai
wok / kadai

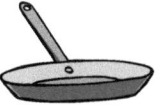

koekenpan
serpenyő

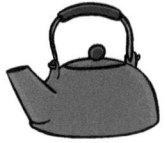

ketel
vízforraló

stoomkoker

pároló

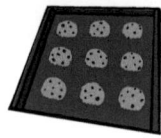

bakplaat

tepsi

servies

étkészlet

beker

bögre

kom

tálka

eetstokjes

evőpálcika

soeplepel

merőkanál

spatel

keverőlapátka

garde

habverő

vergiet

szűrő

zeef

szita

rasp

reszelő

vijzel

mozsár

barbecue

grillsütő

vuurhaard

kandalló

snijplank

vágódeszka

deegroller

sodrófa

kurkentrekker

dugóhúzó

blik

doboz

blikopener

konzervnyitó

pannenlap

edényfogó

wasbak

mosogató

borstel

kefe

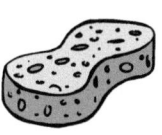

spons

szivacs

blender

turmixgép

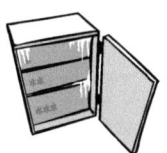

vriezer

mélyhűtő

babyflesje

cumisüveg

kraan

csap

badkamer
fürdőszoba

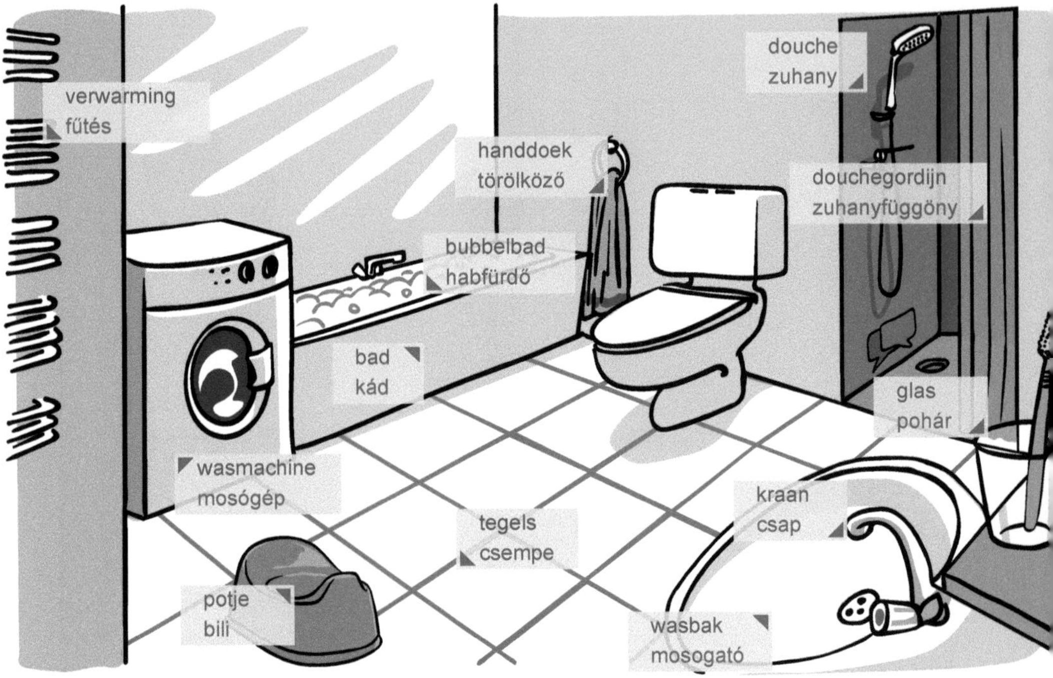

verwarming
fűtés
handdoek
törölköző
douche
zuhany
douchegordijn
zuhanyfüggöny
bubbelbad
habfürdő
bad
kád
wasmachine
mosógép
glas
pohár
kraan
csap
tegels
csempe
potje
bili
wasbak
mosogató

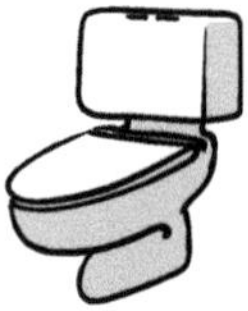

toilet

toalett

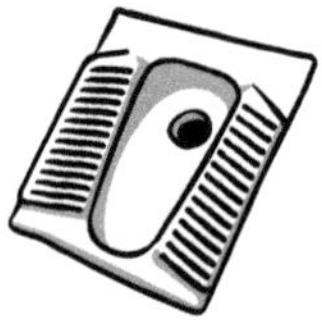

hurktoilet

guggolós toalett

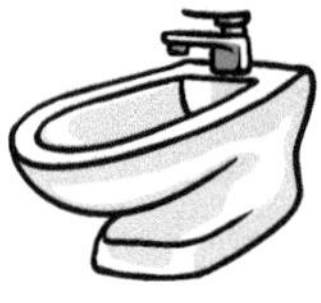

bidet

bidé

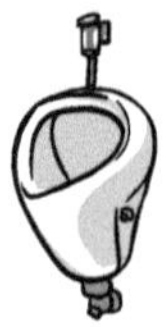

urinoir

piszoár

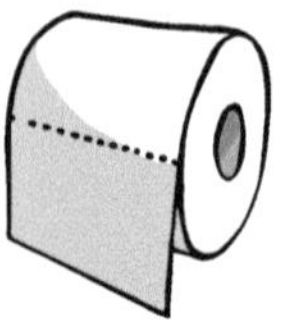

toiletpapier

toalett papír

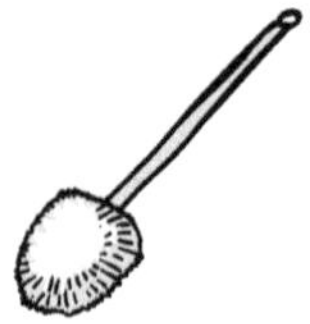

toiletborstel

wc kefe

tandenborstel

fogkefe

tandpasta

fogkrém

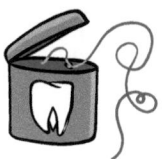

flosdraad

fogselyem

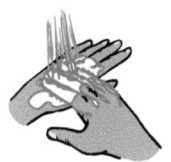

wassen

mosni

handdouche

kézi zuhany

toiletdouche

intimzuhany

waskom

mosdótál

rugborstel

hátmosó kefe

zeep

szappan

douchegel

tusfürdő

shampoo

sampon

washanje

mosdókesztyű

afvoer

lefolyó

creme

krém

deodorant

dezodor

spiegel

tükör

make-upspiegel

kézitükör

scheermes

borotva

scheerschuim

borotvahab

aftershave

borotválkozás utáni
arcszesz

kam

fésű

borstel

hajkefe

haardroger

hajszárító

haarspray

hajlakk

make-up

smink

lippenstift

ajakrúzs

nagellak

körömlakk

watten

vatta

nagelschaartje

körömvágó olló

parfum

parfüm

toilettas

neszesszer

kruk

sámli

weegschaal

mérleg

badjas

köntös

rubber handschoenen

gumikesztyű

tampon

tampon

maandverband

egészségügyi betét

chemisch toilet

vegyi WC

kinderkamer
gyerekszoba

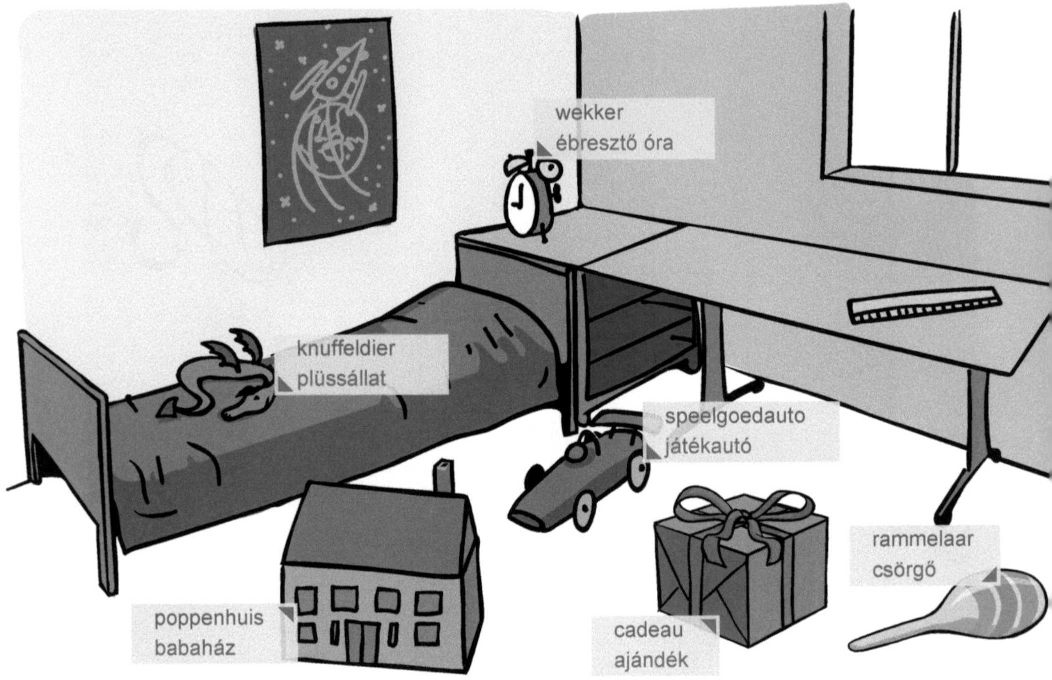

wekker
ébresztő óra
knuffeldier
plüssállat
speelgoedauto
játékautó
rammelaar
csörgő
poppenhuis
babaház
cadeau
ajándék

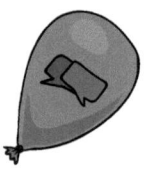

ballon

lufi

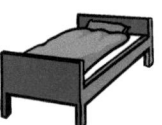

bed

ágy

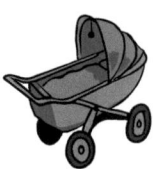

kinderwagen

babakocsi

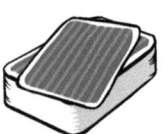

kaartspel

kártyapakli

puzzel

kirakós játék

SUPER
MEGA

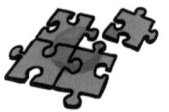

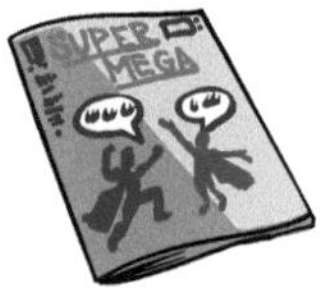

stripverhaal

képregény

legostenen

építőkockák

speelgoedblokken

építőelem

actiefiguurtje

szuperhős

romper

rugdalózó

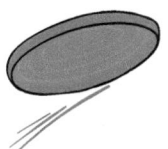

frisbee

frizbi

mobile

zenélő forgó

bordspel

társasjáték

dobbelsteen

kocka

modeltrein

modellvasút

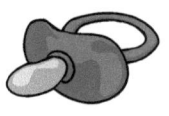

speen

cumi

feestje

zsúr

prentenboek

képeskönyv

bal

labda

pop

baba

spelen

játszani

zandbak

homokozó

schommel

hinta

speelgoed

játékok

spelcomputer

videójáték konzol

driewieler

tricikli

teddybeer

teddi maci

kleerkast

ruhásszekrény

kleding
ruházat

sokken

zokni

kousen

harisnya

panty

harisnyanadrág

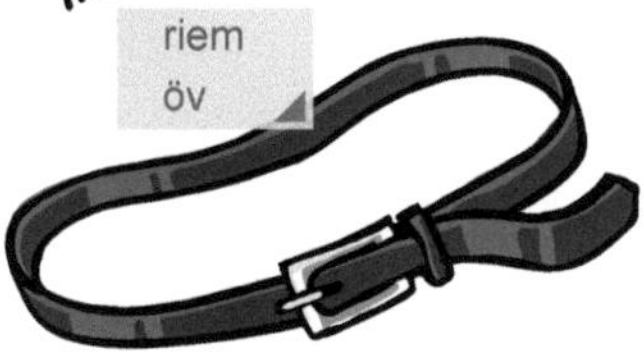

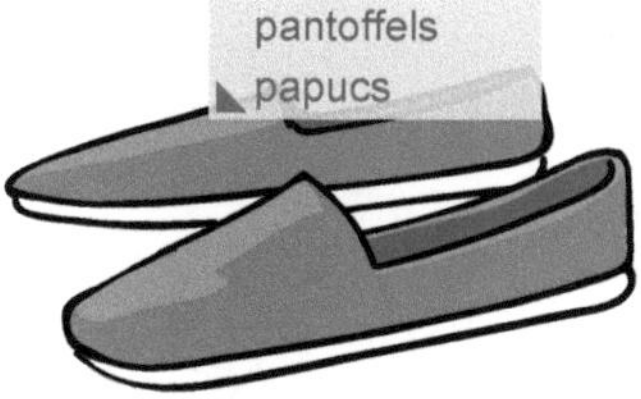

sjaal
sál

paraplu
esernyő

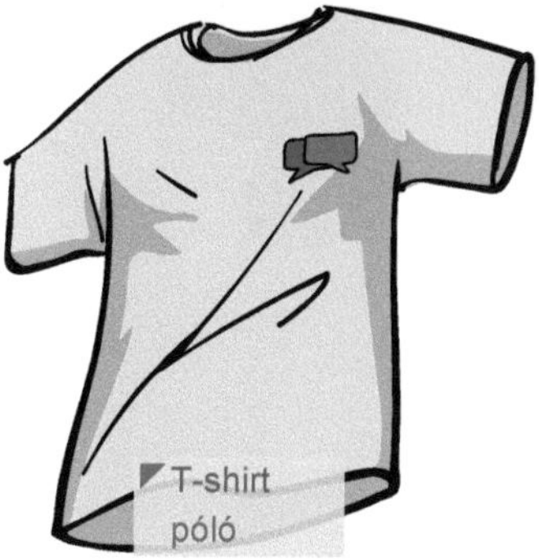

riem
öv

T-shirt
póló

laarzen
csizma

sportschoenen
tornacipő

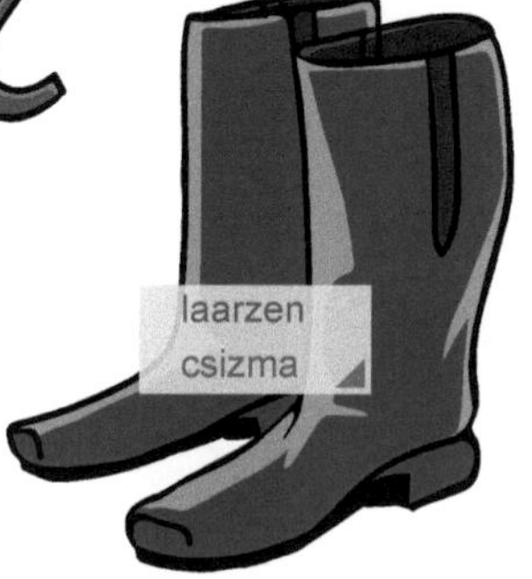

pantoffels
papucs

sandalen
szandál

schoenen
cipő

rubberlaarzen
gumicsizma

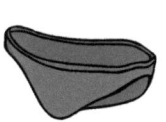

onderbroek
alsónadrág

beha
melltartó

onderhemd
mellény

body

body

broek

nadrág

spijkerbroek

farmer

rok

szoknya

blouse

blúz

overhemd

ing

trui

pulóver

hoody

kapucnis pulóver

blazer

blézer

jas

dzseki

mantel

kabát

regenjas

esőkabát

kostuum

kosztüm

jurk

ruha

trouwjurk

esküvői ruha

pak

öltöny

nachthemd

hálóing

pyjama

pizsama

sari

szári

hoofddoek

fejkendő

tulband

turbán

boerka

burka

kaftan

kaftán

abaja

abaya

zwempak

fürdőruha

zwembroek

fürdőnadrág

korte broek

rövidnadrág

trainingspak

tréningruha

schort

kötény

handschoenen

kesztyű

kleding - ruházat

knoop

gomb

bril

szemüveg

armband

karkötő

ketting

nyaklánc

ring

gyűrű

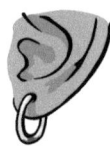

oorbel

fülbevaló

pet

sapka

kledinghanger

vállfa

hoed

kalap

stropdas

nyakkendő

rits

cipzár

helm

bukósisak

bretels

nadrágtartó

schooluniform

iskolai egyenruha

uniform

egyenruha

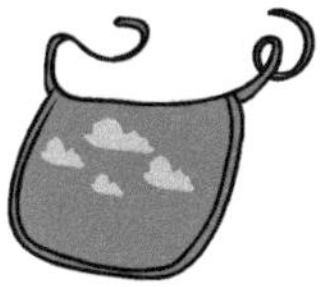

slabbetje

előke

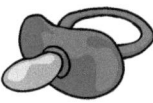

speen

cumi

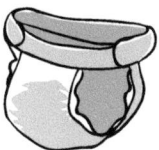

luier

pelenka

kantoor
iroda

server
szerver
archiefkast
irattartó szekrény
papier
papír
printer
nyomtató
beeldscherm
képernyő
muis
egér
bureau
íróasztal
map
mappa
toetsenbord
billentyűzet
prullenmand
papír-hulladék gyűjtő
computer
számítógép
stoel
szék

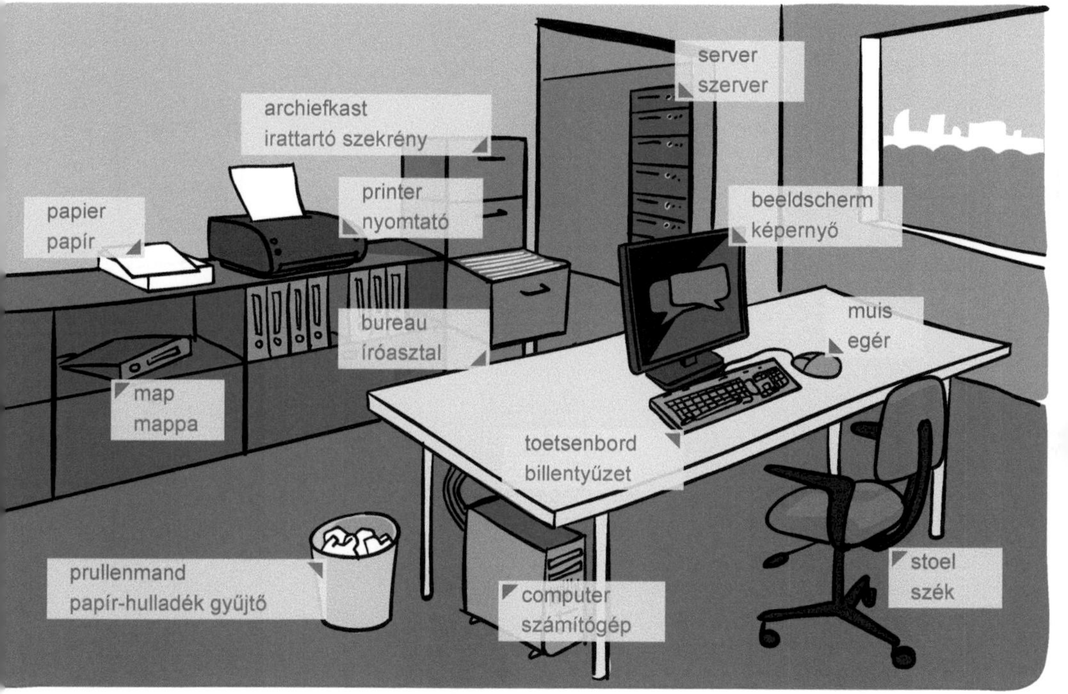

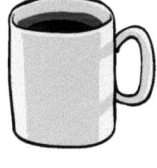

koffiemok

kávéscsésze

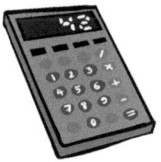

rekenmachine

számológép

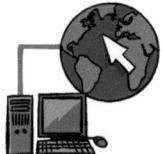

internet

internet

laptop
laptop

brief
levél

bericht
üzenet

mobiele telefoon
mobiltelefon

netwerk
hálózat

kopieermachine
fénymásoló

software
szoftver

telefoon
telefon

stopcontact
konnektor

fax
faxgép

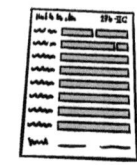

formulier
formanyomtatvány

document
dokumentum

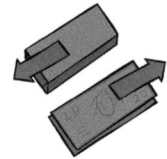

kopen

venni

betalen

fizetni

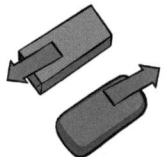

handel drijven

kereskedni

geld

pénz

 **USD**

dollar

dollár

 **EUR**

euro

euró

 **JPY**

yen

jen

 **RUB**

roebel

rubel

 **CHF**

Zwitserse frank

svájci frank

 **CNY**

renminbi yuan

kínai jüan

 **INR**

roepie

rúpia

geldautomaat

bankautomata

wisselkantoor

valutaváltó iroda

goud

arany

zilver

ezüst

olie

olaj

energie

energia

prijs

ár

contract

szerződés

belasting

adó

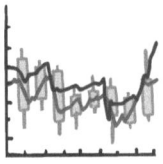

aandeel

részvény

werken

dolgozni

werknemer

munkavállaló

werkgever

munkaadó

fabriek

gyár

winkel

üzlet

beroepen
foglalkozások

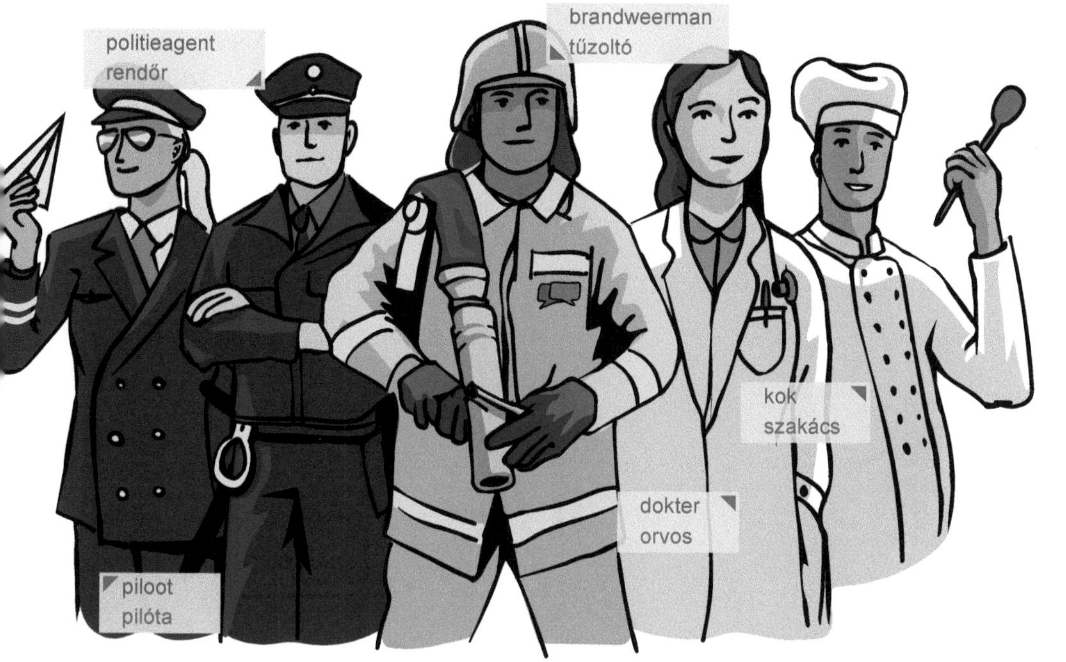
politieagent
rendőr
brandweerman
tűzoltó
kok
szakács
dokter
orvos
piloot
pilóta

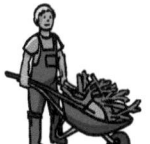

tuinman

kertész

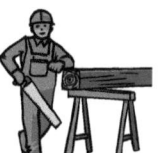

timmerman

kárpitos

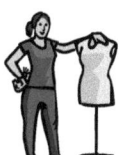

naaister

varrónő

rechter

bíró

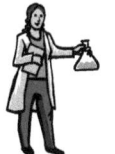

scheikundige

vegyész

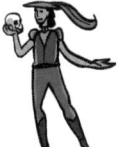

toneelspeler

színész

buschauffeur

buszsofőr

taxichauffeur

taxisofőr

visser

halász

schoonmaakster

bejárónő

dakdekker

tetőfedő

ober

pincér

jager

vadász

schilder

festő

bakker

pék

elektricien

villanyszerelő

bouwvakker

építőmunkás

ingenieur

mérnök

slager

hentes

loodgieter

vízvezeték-szerelő

postbode

postás

soldaat

katona

architect

építész

kassier

eladó

bloemist

virágos

kapper

fodrász

conducteur

kalauz

monteur

műszerész

kapitein

kapitány

tandarts

fogorvos

wetenschapper

tudós

rabbi

rabbi

imam

imám

monnik

szerzetes

pastoor

lelkész

gereedschap
szerszámok

hamer
kalapács
tang
fogó
schroevendraaier
csavarhúzó
moersleutel
csavarkulcs
zaklamp
elemlámpa

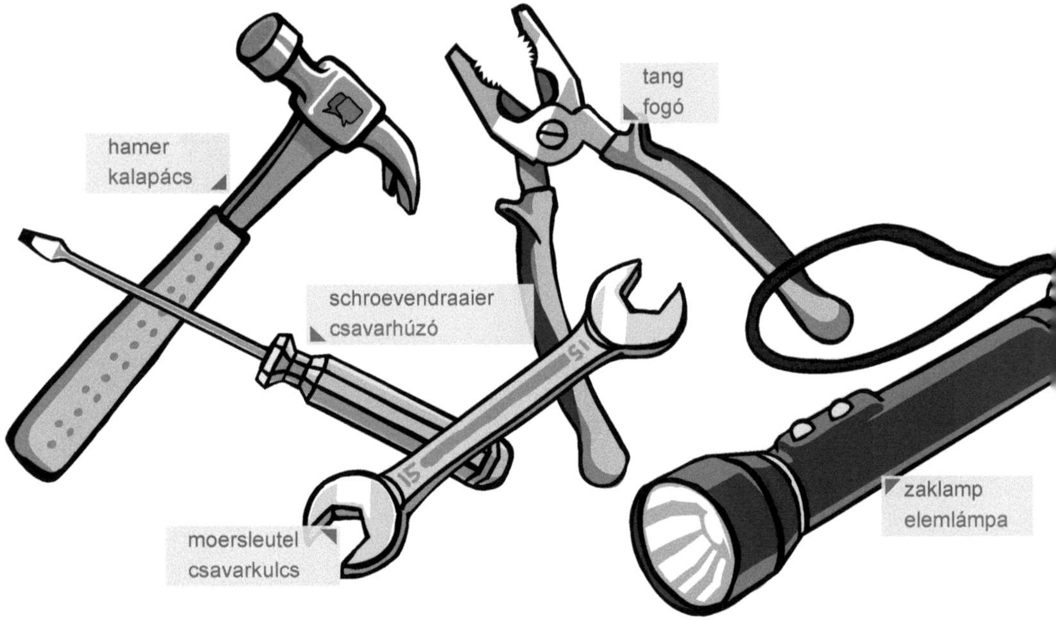

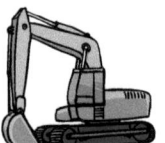

graafmachine
....
markológép

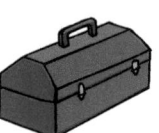

gereedschapskist
....
szerszámosláda

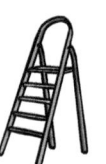

ladder
....
vödör

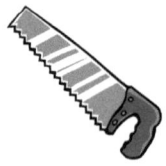

zaag
....
fűrész

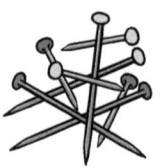

spijkers
....
szög

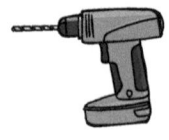

boor
....
fúrógép

repareren

megjavítani

schep

lapát

Verdorie!

A francba!

stofblik

szemétlapát

verfpot

festékesdoboz

schroeven

csavar

muziekinstrumenten
hangszerek

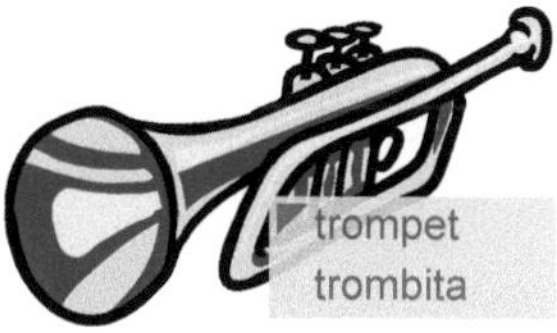

luidspreker
hangszóró

drumstel
dobfelszerelés

gitaar
gitár

contrabas
nagybögő

trompet
trombita

piano

zongora

viool

hegedű

bas

basszusgitár

pauk

üstdob

trommel

dobok

keyboard

digitális zongora

saxofoon

szaxofon

fluit

fuvola

microfoon

mikrofon

ingang
bejárat

tijger
tigris

kooi
kalitka

zebra
zebra

dierenvoer
állateledel

panda
panda

dieren
állatok

olifant
elefánt

kangoeroe
kenguru

neushoorn
orrszarvú

gorilla
gorilla

beer
medve

kameel

teve

struisvogel

strucc

leeuw

oroszlán

aap

majom

flamingo

flamingó

papegaai

papagáj

ijsbeer

jegesmedve

pinguïn

pingvin

haai

cápa

pauw

páva

slang

kígyó

krokodil

krokodil

dierenverzorger

állatgondozó

zeehond

fóka

jaguar

jaguár

pony

póniló

luipaard

leopárd

nijlpaard

víziló

giraffe

zsiráf

adelaar

sas

wild zwijn

vaddisznó

vis

hal

schildpad

teknős

walrus

rozmár

vos

róka

gazelle

gazella

American football
amerikai futball

wielrennen
kerékpározás

tennis
tenisz

basketbal
kosárlabda

zwemmen
úszás

boksen
boksz

ijshockey
jégkorong

voetbal
futball

badminton
tollas

atletiek
atlétika

handbal
kézilabda

skiën
síelés

polo
lovaspóló

activiteiten
tevékenységek

lachen
nevetni
springen
ugrani
knuffelen
ölelni
lopen
sétálni
zingen
énekelni
dromen
álmodni
bidden
dicsérni
kussen
csókolni

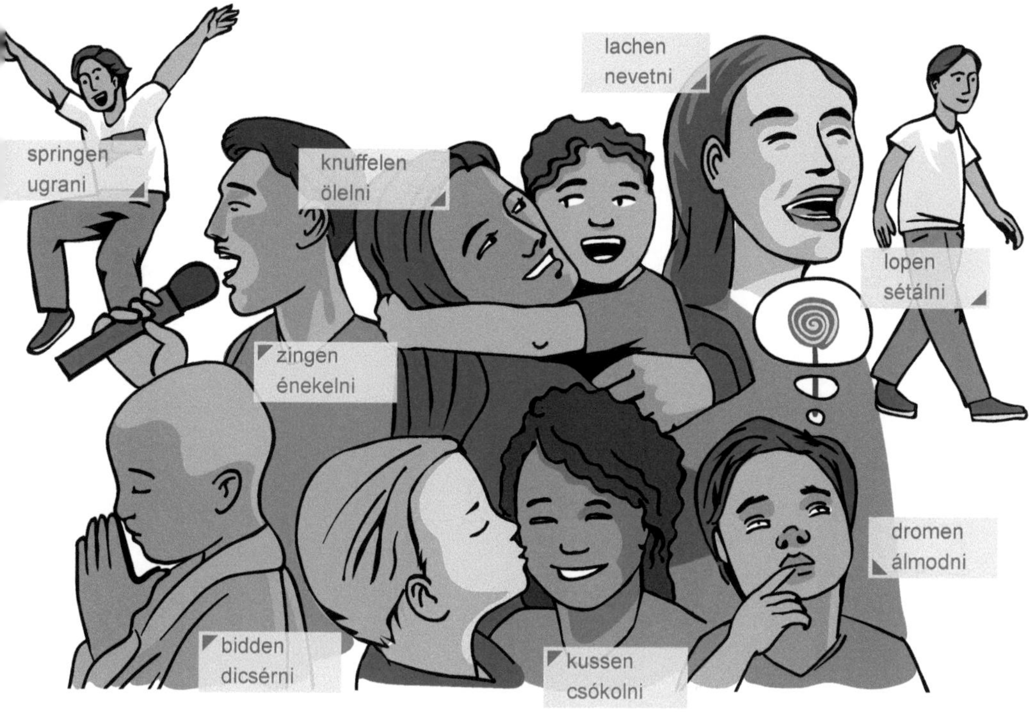

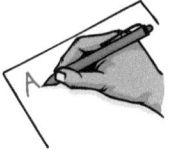

schrijven
írni

tekenen
rajzolni

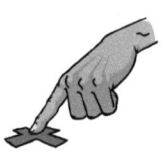

tonen
mutatni

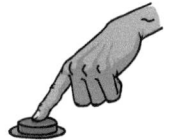

duwen
tolni

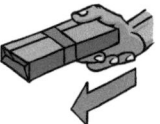

geven
adni

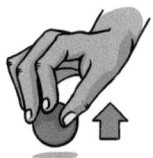

oppakken
vinni

hebben

birtokolni

doen

csinálni

zijn

lenni

staan

állni

rennen

futni

trekken

húzni

gooien

hajít

vallen

esni

liggen

hazudni

wachten

várni

dragen

vinni

zitten

ülni

aankleden

felvenni

slapen

aludni

wakker worden

felébredni

bekijken

ránézni

huilen

sírni

strelen

simogat

kammen

fésülni

praten

beszélni

begrijpen

megérteni

vragen

kérdezni

horen

hallgatni

drinken

inni

eten

enni

opruimen

takarítani

houden van

szeretni

koken

főzni

rijden

vezetni

vliegen

szállni

zeilen

vitorlázni

rekenen

számol

lezen

olvasni

leren

tanulni

werken

dolgozni

trouwen

házasodni

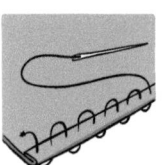

naaien

varrni

tandenpoetsen

fogat mosni

doden

ölni

roken

dohányozni

verzenden

küldeni

familie
család

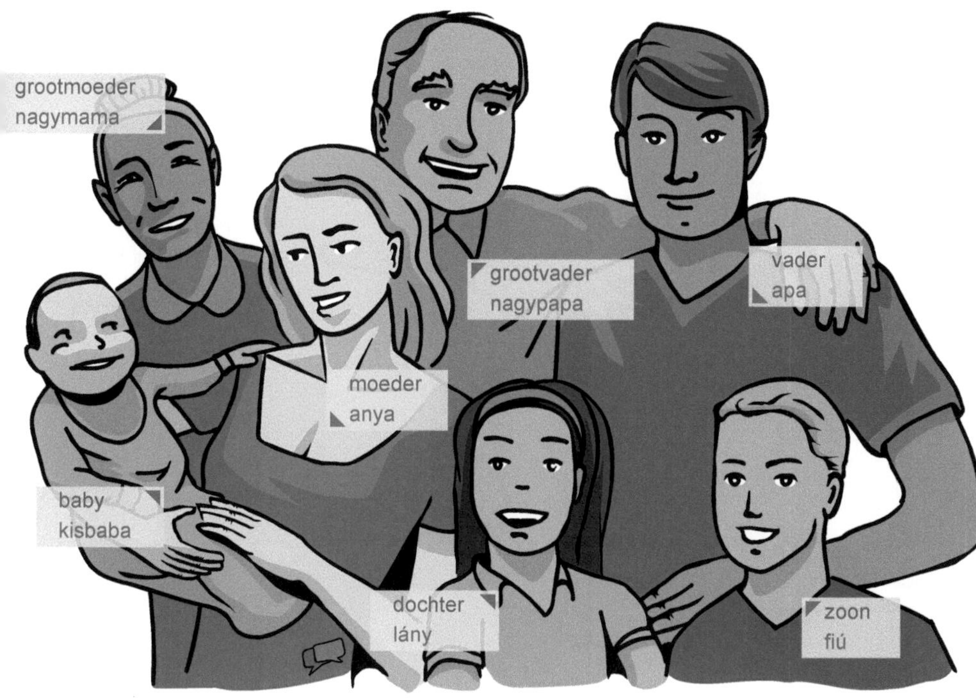
grootmoeder
nagymama
grootvader
nagypapa
vader
apa
moeder
anya
baby
kisbaba
dochter
lány
zoon
fiú

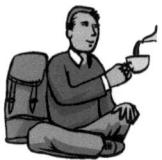

gast
vendég

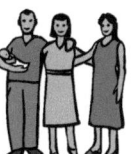

tante
nagynéni

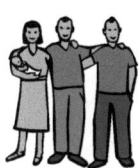

oom
nagybácsi

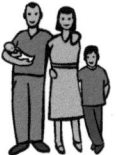

broer
fiútestvér

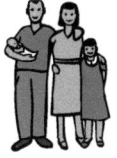

zus
lánytestvér

lichaam
test

voorhoofd
homlok
oog
szem
schouder
váll
vinger
ujj
gezicht
arc
kin
áll
hand
kéz
been
láb
borst
mell
arm
kar

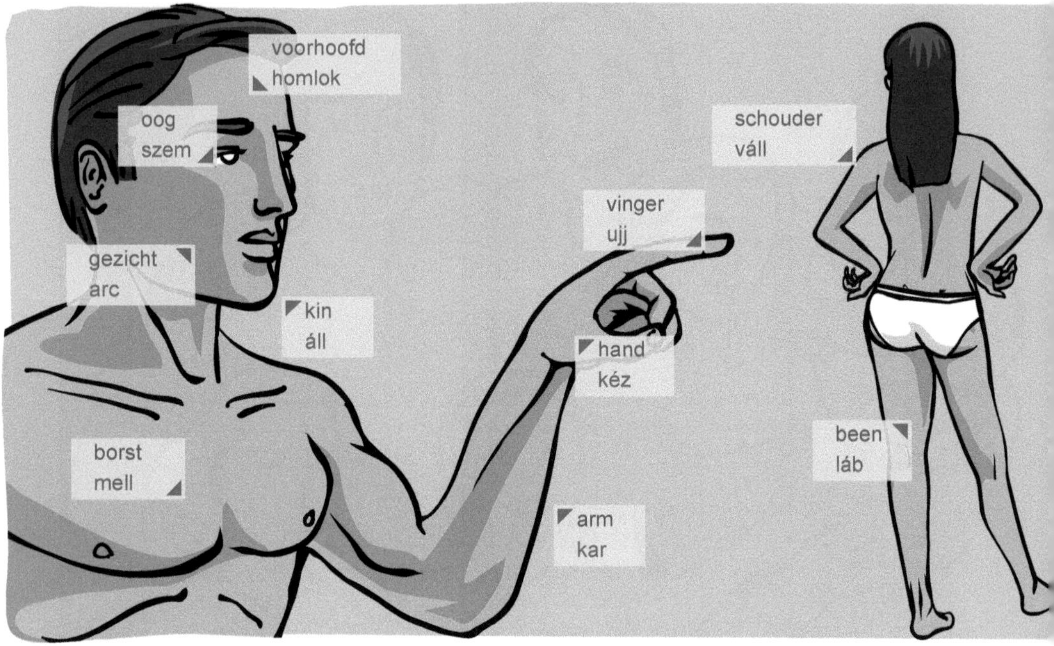

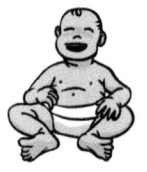

baby

kisbaba

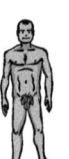

man

ember

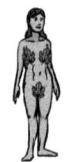

vrouw

nő

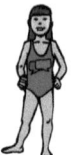

meisje

lány

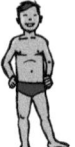

jongen

fiú

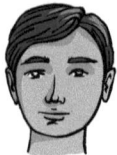

hoofd

fej

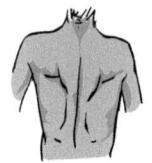

rug
hát

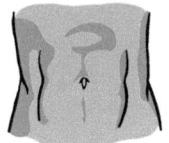

buik
has

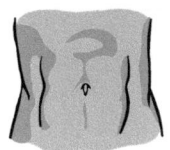

navel
köldök

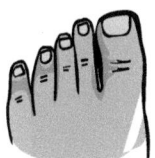

teen
lábujj

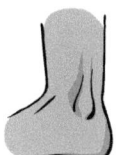

hiel
sarok

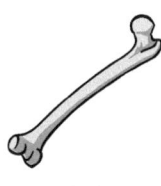

bot
csont

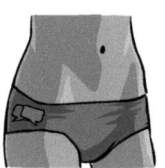

heup
csípő

knie
térd

elleboog
könyök

neus
orr

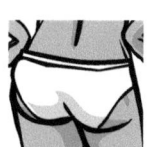

achterwerk
fenék

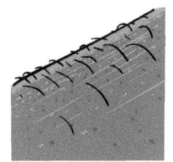

huid
bőr

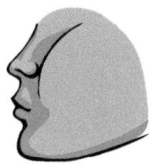

wang
orca

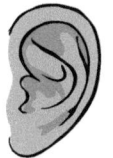

oor
fül

lippen
ajak

mond
száj

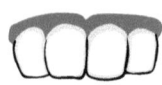

tand
fog

tong
nyelv

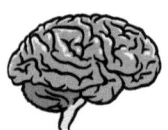

hersenen
agy

hart
szív

spier
izom

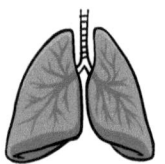

long
tüdő

lever
máj

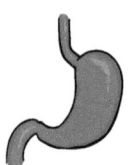

maag
gyomor

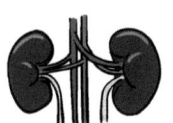

nieren
vese

geslachtsgemeenschap
szex

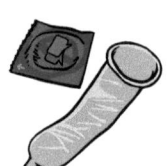

condoom
kondom

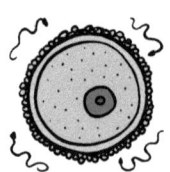

eicel
petesejt

sperma
sperma

zwangerschap
terhesség

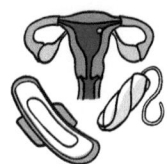

menstruatie

menstruáció

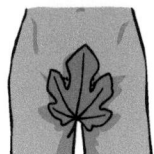

vagina

vagina

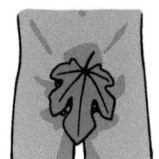

penis

pénisz

wenkbrauw

szemöldök

haar

haj

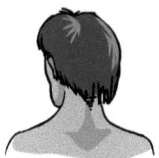

hals

nyak

ziekenhuis
kórház

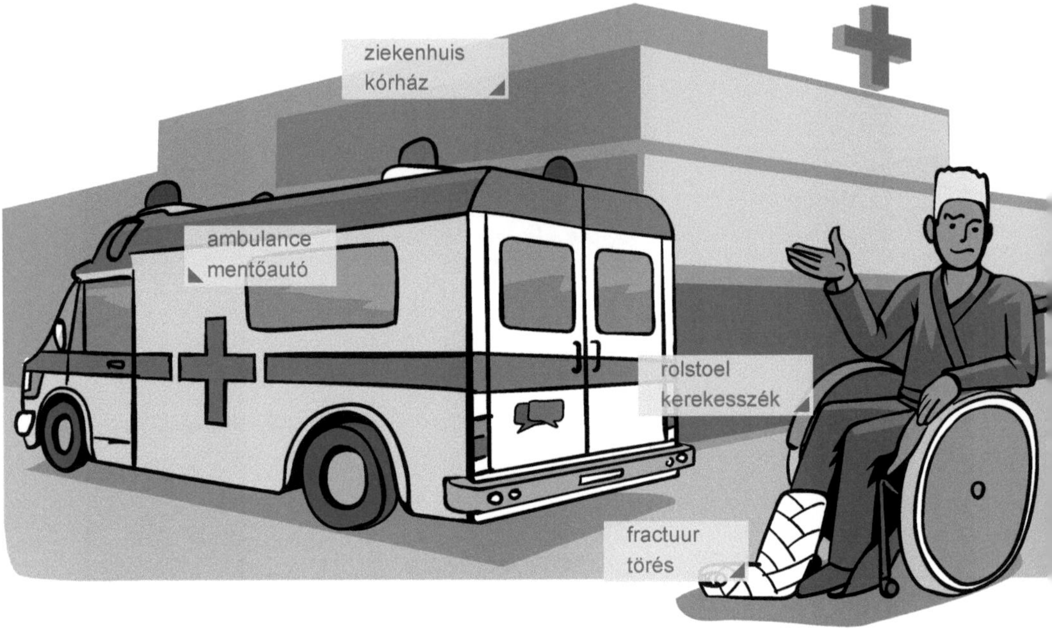

ziekenhuis
kórház
ambulance
mentőautó
rolstoel
kerekesszék
fractuur
törés

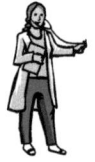

dokter

orvos

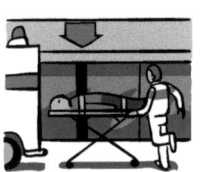

EHBO

sürgősségi osztály

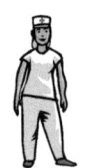

verpleegster

ápoló

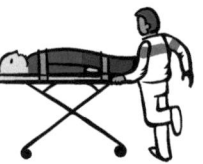

noodgeval

vészhelyzet

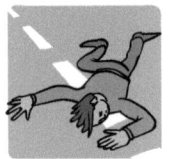

bewusteloos

eszméletlen

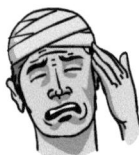

pijn

fájdalom

verwonding

sérülés

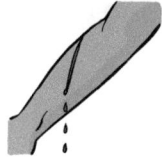

bloeding

vérzés

hartaanval

szívroham

beroerte

szélütés

allergie

allergia

hoest

köhögés

koorts

láz

griep

influenza

diarree

hasmenés

hoofdpijn

fejfájás

kanker

rák

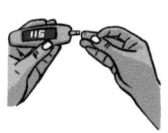

diabetes

cukorbetegség

chirurg

sebész

scalpel

szike

operatie

műtét

CT

CT

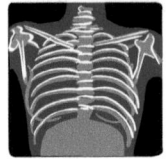

röntgen

röntgen

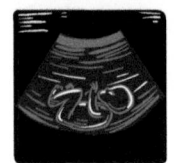

echografie

ultrahang

gezichtsmasker

arcmaszk

ziekte

betegség

wachtkamer

váróterem

kruk

mankó

pleister

sebtapasz

verband

kötszer

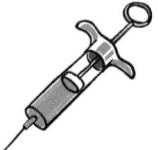

injectie

injekció

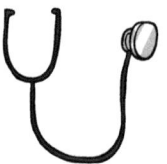

stethoscoop

sztetoszkóp

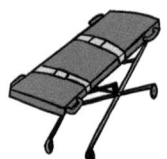

brancard

hordágy

thermometer

klinikai hőmérő

geboorte

születés

overgewicht

túlsúly

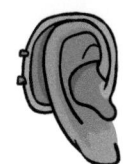

gehoorapparaat

hallókészülék

ontsmettingsmiddel

fertőtlenítőszer

infectie

fertőzés

virus

vírus

HIV / AIDS

HIV/AIDS

medicijn

orvosság

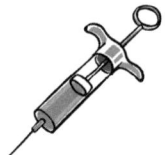

inenting

oltás

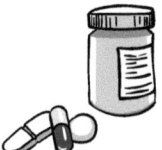

tabletten

tabletták

pil

tabletta

alarmnummer

sürgősségi hívás

bloeddrukmeter

vérnyomásmérő

ziek / gezond

betegség / egészség

Help!

Segítség!

alarm

riasztás

overval

rajtaütés

aanval

támadás

gevaar

veszély

nooduitgang

vészkijárat

Brand!

tűz!

brandblusser

tűzoltókészülék

ongeluk

baleset

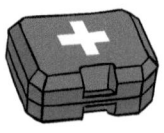

EHBO-koffer

elsősegélycsomag

SOS

SOS

politie

rendőrség

Europa

Európa

Noord-Amerika

Észak-Amerika

Zuid-Amerika

Dél-Amerika

Afrika

Afrika

Azië

Ázsia

Australië

Ausztrália

Atlantische Oceaan

Atlanti-óceán

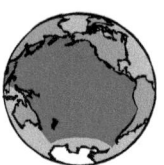

Stille Oceaan

Csendes-óceán

Indische Oceaan

Indiai-óceán

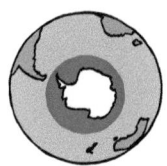

Zuidelijke Oceaan

Déli-óceán

Noordelijke IJszee

Jeges-tenger

Noordpool

Északi-sark

Zuidpool

Déli-sark

Antarctica

Antarktisz

aarde

föld

land

szárazföld

zee

tenger

eiland

sziget

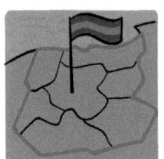

natie

nemzet

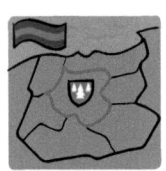

staat

állam

wijzerplaat

számlap

uurwijzer

kismutató

minutenwijzer

nagymutató

secondewijzer

másodpercmutató

Hoe laat is het?

Mennyi az idő?

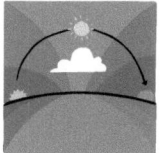

dag

nap

tijd

idő

nu

most

digitaal horloge

digitális óra

minuut

perc

uur

óra

week

hét

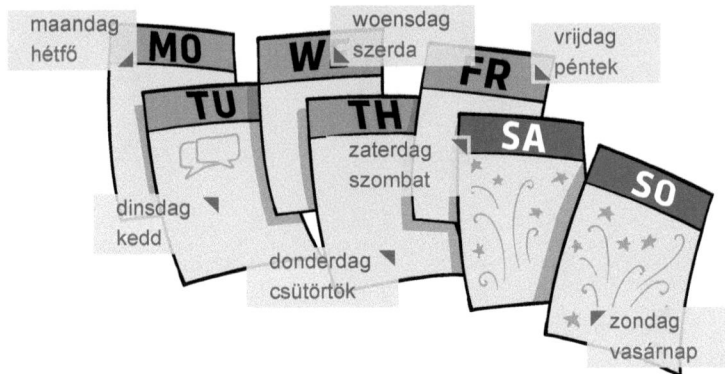

maandag
hétfő **MO**

W woensdag
szerda

vrijdag
péntek **FR**

TU

TH

SA

zaterdag
szombat

dinsdag
kedd

donderdag
csütörtök

SO

zondag
vasárnap

gisteren

tegnap

vandaag

ma

morgen

holnap

ochtend

reggel

middag

dél

avond

este

werkdagen

hétköznap

weekend

hétvége

jaar
év

regen
eső
regenboog
szivárvány
wind
szél
sneeuw
hó
voorjaar
tavasz
zomer
nyár
herfst
ősz
winter
tél

4.APRIL 11°
5.APRIL 4°
6.APRIL 13°
7.APRIL 8°
8.APRIL 10°

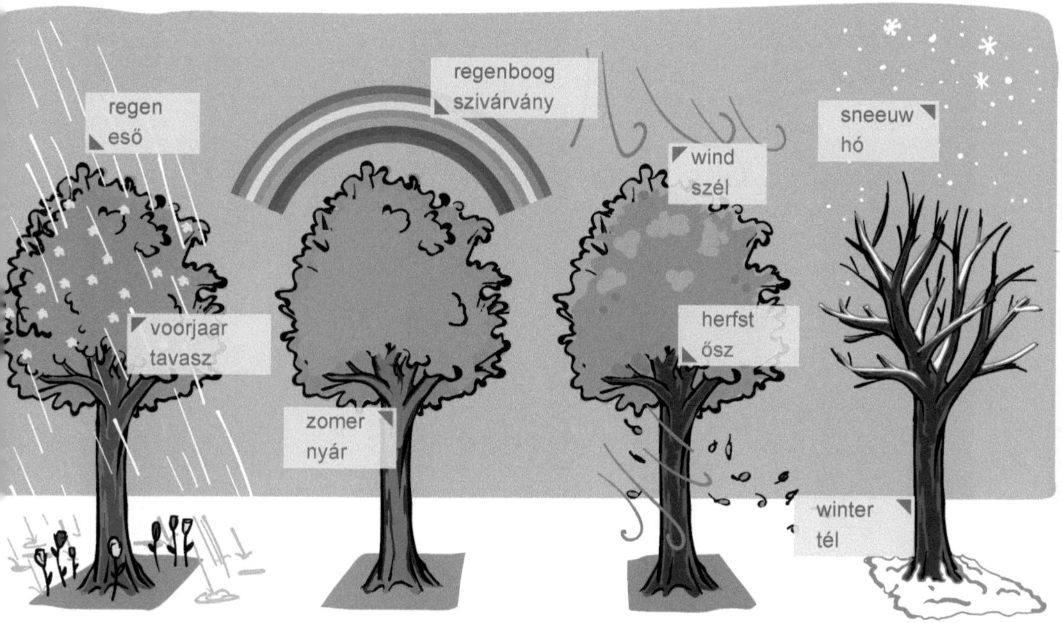

weerbericht

időjárás előrejelzés

F
C
120
90
60
30
0
-30
40
30
20
10
0
-10
-20

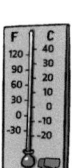

thermometer

hőmérő

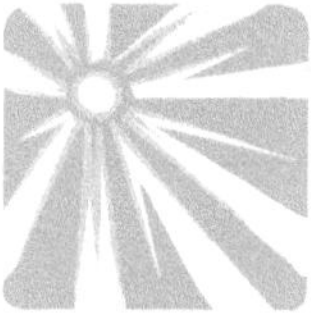

zonneschijn

napsütés

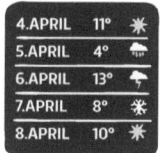

wolk

felhő

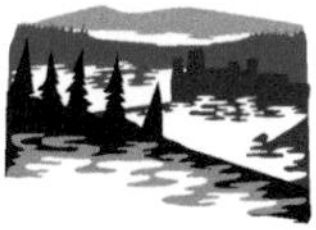

mist

köd

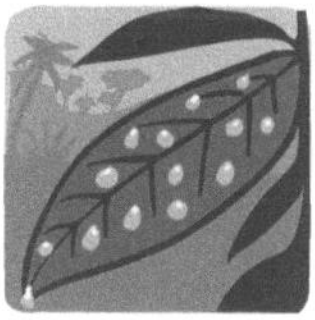

luchtvochtigheid

páratartalom

bliksem

villámlás

donder

mennydörgés

storm

vihar

hagel

jégeső

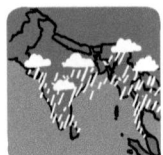

moesson

monszun

overstroming

áradás

ijs

jég

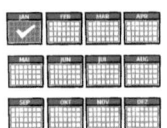

januari

január

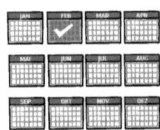

februari

február

maart

március

april

április

mei

május

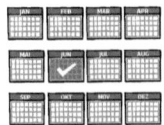

juni

június

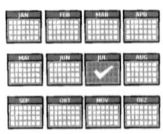

juli

július

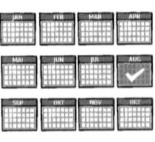

augustus

augusztus

jaar - év

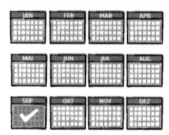

september
....
szeptember

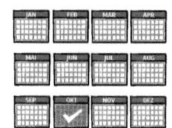

oktober
....
október

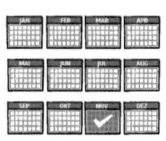

november
....
november

december
....
december

cirkel
....
kör

vierkant
....
négyzet

rechthoek
....
téglalap

driehoek
....
háromszög

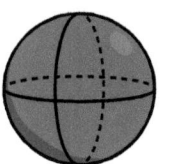

bol
....
gömb

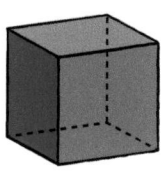

kubus
....
kocka

wit

fehér

geel

sárga

oranje

narancs

roze

rózsaszín

rood

piros

paars

lila

blauw

kék

groen

zöld

bruin

barna

grijs

szürke

zwart

fekete

veel / weinig

sok / kevés

boos / rustig

mérges / nyugodt

mooi / lelijk

szép / csúnya

begin / einde

kezdet / vég

groot / klein

nagy / kicsi

licht / donker

világos / sötét

broer / zus

fivér / nővér

schoon / vies

tiszta / koszos

volledig / onvolledig

teljes / nem teljes

dag/ nacht

nappal / éjszaka

dood / levend

halott / élő

breed / smal

széles / keskeny

eetbaar / oneetbaar

ehető / nem ehető

gemeen / aardig

gonosz / kedves

opgewonden / verveeld

izgatott / unott

dik / dun

kövér / vékony

eerste / laatste

első / utolsó

vriend / vijand

barát / ellenség

vol / leeg

teli / üres

hard / zacht

kemény / puha

zwaar / licht

nehéz / könnyű

honger / dorst

éhség / szomjúság

ziek / gezond

betegség / egészség

illegaal / legaal

illegális / legális

intelligent / dom

intelligens / buta

links / rechts

bal / jobb

dichtbij / ver

közel / távol

nieuw / gebruikt

új / használt

niets / iets

semmi / valami

oud / jong

idős / fiatal

aan / uit

be / ki

open / gesloten

nyitva / zárva

zacht / luid

csendes / hangos

rijk / arm

gazdag / szegény

goed / fout

helyes / helytelen

ruw / glad

érdes / sima

verdrietig / gelukkig

szomorú / vidám

kort / lang

rövid / hosszú

langzaam / snel

lassú / gyors

nat / droog

nedves / száraz

warm / koel

meleg / hideg

oorlog / vrede

háború / béke

számok

0	**1**	**2**
nul	één	twee
nulla	egy	kettő

3	**4**	**5**
drie	vier	vijf
három	négy	öt

6	**7**	**8**
zes	zeven	acht
hat	hét	nyolc

9	**10**	**11**
negen	tien	elf
kilenc	tíz	tizenegy

12
twaalf

tizenkettő

13
dertien

tizenhárom

14
veertien

tizennégy

15
vijftien

tizenöt

16
zestien

tizenhat

17
zeventien

tizenhét

18
achttien

tizennyolc

19
negentien

tizenkilenc

20
twintig

húsz

100
honderd

száz

1.000
duizend

ezer

1.000.000
miljoen

millió

talen

nyelvek

Engels
....
angol

Amerikaans Engels
....
amerikai angol

Chinees Mandarijn
....
mandarin kínai

Hindi
....
hindi

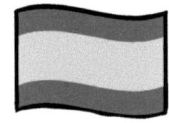

Spaans
....
spanyol

Frans
....
francia

Arabisch
....
arab

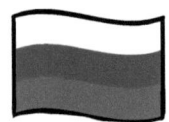

Russisch
....
orosz

Portugees
....
portugál

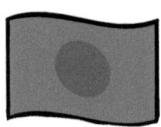

Bengalees
....
bengáli

Duits
....
német

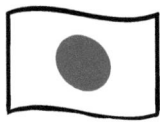

Japans
....
japán

ik
....
én

jij
....
te

hij / zij / het
....
ő

wij
....
mi

jullie
....
ti

zij
....
ők

wie?
....
ki?

wat?
....
mi?

hoe?
....
hogyan?

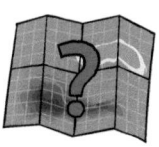

waar?
....
hol?

wanneer?
....
mikor?

naam
....
név

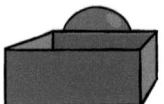

achter

mögött

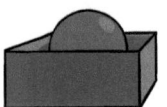

in

benne

voor

elötte

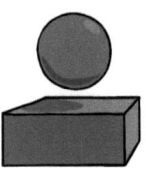

boven

felette

op

rajta

onder

alatta

naast

mellett

tussen

között

plaats

hely